99％の小学生は気づいていない!?

やりたい！の見つけ方

監修 奥村裕一　著 あんびるえつこ

Z-KAI

.

「99%の小学生は気づいていない!?」
シリーズ発刊にあたって

未来を想像してみましょう。

遠い未来ではなく、10年後。

あなたは何歳になっていますか？　何をしていますか？

ずっと先のことで、みんな、まだまだ想像がつかない

かもしれません。

でも、0歳だったあなたが今のあなたになるまでと

同じくらいの時間。

その時間の中で、遊んで、学んで、考えて……。

いろいろな人に出会い、いろいろなことを経験していく。

今の、その一つ一つがあなたをつくりあげていく。

今の、その一つ一つがあなたを大きくしていく。

あなたの中にある力をどんどん伸ばしていけるように、

学校で学んだことをさらに一歩進めて考えていけるように、

今、伝えておきたい大切なことをぎゅっとまとめました。

未来を自信をもって生きていくために。

未来の世界を明るくしていくために。

この本が、あなたも想像していなかったような未来に

つながります！

はじめに

　みなさんは毎日をどのように過ごしていますか？　将来の"やりたいこと"を目指して毎日を送っているという人は、もしかしたら少ないのではないでしょうか。

　私も小学生のころは、特に何かを志して生活していたわけではありませんでした。50年以上前で、まだスマートフォンやゲーム機もない時代で、ただなんとなく好きな本を読んだり友達と遊んだりして日々を過ごしていました。家族は、そんな私を近所の神社などいろいろなところに連れて行ってくれました。生まれつき視力が弱く、周りがよく見えていない子どもだった私を何とかしたかったのでしょう。世の中が、ぼーっとしか見えない。このことは、私に大きな影響を与えました。小さいうちは、しっかり見ようと目を凝らすと頭が小刻みにふるえるのでいやでした。でも次第に「世の中、細かいところは見えなくていい。いま見えている状態でいい。」と思うようになったのです。ただ新しもの好きで好奇心

が旺盛だったので、好きな本には目をグッと近づけてのめり込みました。ここが"やりたいこと""キャリア"の原点だった気がします。後に社会に出て大きなプロジェクト※を進めることができたのは、細かいことにこだわらず社会の大きな流れを見ることができたことと好奇心のおかげではないかと思います。何が幸いするかわからないものですね。

　さて、今、世の中の大きな流れは根っこからの「変化」にあります。特にICTやAIといった技術が世の中を大きく変えています。こうした技術にはよい面と悪い面があります。悪い面は、長時間インターネットに思わず没頭して勉強する時間がなくなる…といったことでしょうか。しかし一方で、こうした技術は世界を自分に近づけてくれて、あっという間にいろいろなことを知ることができます。たとえば、先ほど私の経験をお話ししましたが、ぼーっとしか見えない世界を、技術を使ってまるでそこに行ったように体験でき、逆に視野を広げることにひと役買えるかもしれません。また、この本では

巻物型タブレットを使って、“やりたい！”の見つけ方や活かし方が伝授されます。こうした技術も含め、今の「変化」をよい方向に用いていけるかどうかで、世界の未来は大きく変わってくるのではないかと思います。

　時代が変化しても、人間の心は変わらないものです。私も小学生の時の気持ちのままです。好奇心は旺盛で最近もAIで作った俳句の出来ぐあいを気にしています。みなさんも、物語の登場人物と一緒に、いろいろな体験を通して、また自分自身の毎日の何気ない生活の中ででも、どういうことに自分の心が動くのか観察し、その思いをもとに、それぞれの“やりたい！”を見つけてよりよい社会づくりにぜひ参加してほしいと願っています。みなさんは、「変化」を自分の中に取り込んで、自分の人生だけでなく社会、ひいては世界の未来をも変えていく力があるのですから。

2023年3月

奥村 裕一

※通商産業省（現・経済産業省）に入省し、APEC創設や電力ガスの自由化を推進。今では、地域の元気を取り戻しデジタル時代のデモクラシーを拓く東京大学公共政策大学院チャレンジオープンガバナンスに尽力。

もくじ

第1章　本当の『夢』って何だろう

第2章　自分の"やりたい！"を見つけよう

第3章　"やりたい！"を社会につなげよう

第4章　『夢』への登山

【付録】

【付録】は、切り取ったり、コピーしたりして使うことができます。

登場人物の紹介

リク・カイ・アン・ユウは、夢向小学校に通う
6年生。幼なじみ。

リク （時山 陸）
陸上クラブの副クラブ
長。夢は父親のような会
社員になること。

アン （夢咲 明音）
ダンススクールに通ってい
る。夢はダンサー。チーム
で踊るのが好き！

カイ （明日見 快）
とにかく元気で面白い！
クラスのムードメー
カー。夢は動画配信者。

ユウ （進藤 優）
ピアノを習っている。ス
ポーツは苦手。パソコン
ゲームに夢中。夢は…。

本当の『夢』って何だろう
ほんとう　　　ゆめ　　　　　　なん

トモじいとバクのヒミツ

バク

よく寝る
ね

空を飛べる
そら　と

実は
じつ
世話好き
せ　わ　ず

甘いものと
あま
ひなたぼっこが好き
す

トモじい

・アクティブ！
・新しいものが好き！
　あたら　　　　　　　　す
・昔とある国の機関で働いていたらしい…
　むかし　　　くに　きかん　はたら
・子どもの頃、犬に追いかけられた経験が
　こ　　　　ころ　いぬ　お　　　　　　　けいけん
　あるため、犬は苦手…
　　　　　　　いぬ　にがて
・心は永遠の12歳
　こころ　えいえん　　　さい

1 「将来の夢」って言われても…

「なんか、もう1年たったのか…って感じるよね。
この作文の宿題を見ると。」

　学校の帰り道。カイがそう切り出すと、みんな
笑いだしました。カイたちの学校では、進級する
と決まって『将来の夢』という作文の宿題が出さ
れます。6年生ともなると、それももう6回目。
みんないい加減、うんざりしていたのです。

「ほんと！　もう同じこと毎年書いているし！」

「6年生でも宿題になるかなと思って、実は昨年の作文をとっておいたんだ。今年もほぼ同じ内容でユーチューバーみたいな動画配信者を目指しますと書いて、ぼくは一足お先に提出してしまいます!!」

「さすがカイだね！ 私も昨年と変わらず、ダンサーかな。1年で夢がコロコロ変わったら、だめだと思うしね。初志貫徹！」

幼稚園のころからダンスを習っているアンも、決心は固いようです。

「そういえば、リクの夢って…？」

13

「みんなみたいにかっこよくはないかもしれないけれど…。お父さんみたいな会社員が夢。あこがれるんだよね、仕事を仕切っている姿に。」

「いいな…。私は夢なんてないよ。」

だまって聞いていたユウがボソッとつぶやきました。

「いっそのこと、お金持ちの飼いネコになりたい。ごちそうを食べて、のんびり毎日をすごしたい…。」

考えよう

自分の『夢』って何だろう？

「バフッ！　動画配信者やダンサーって仕事は、みんなが大きくなるころも人気があるのかな。会社員の仕事だって、AIが奪ってしまうかもバフッ。」

「えっ？　なに？　犬がしゃべった!!」

「失礼な。吾輩はバクである。この度、かの有名なトモじいの飼いバクになったのだ。」

「待つんじゃ！　バク!!」

「トモじい、こんにちは！　息、大丈夫？」

「はぁ…。す、すまんのう。うちのバクが夢も希望もないことを。散歩のお供に飼ったんじゃが…。」

「ねえ、トモじい。ぼくたちがやりたい仕事、バクが言うみたいに本当になくなったりするの？」

「そうじゃのう。では、きみたちが大^{おお}きくなった
時^{とき}の世^よの中^{なか}を見^みてみようかのう。ほれ！」

「すごい！　ロボットや機械が、いっぱい活やく
しているね。これだと、人間の出る幕ないよ…。」
「バクの言葉の意味が、ちょっとわかったような
気がする…。」

2 自分の "賜物" を知ろう

「そんなに落ちこむことはないぞ。目指した仕事が、時代とともになくなったとしても、夢は形を変えてかなえることができるんじゃよ。」

「そんななぐさめはいらないよ…。」

「いや、わしは家に電話もない時代に生まれたんじゃよ。そのわしが言うのだから間違いない。時代が変わっても、**自分を活かせる道**を歩んでおれば大丈夫。まずは自分をよく知ることじゃ。」

「自分を知るって？」

4人は、疑わしそうにトモじいに聞きました。

「自分の得意なこととか…どのくらいわかっておるかな。わしはみんなの中に、光り輝くそれぞれの"賜物"※が見えるのじゃが。みんなはそれをわかっておらんようじゃのう。」

「私にもあるのかな。その"賜物"…。」

ユウが小さい声でつぶやきました。

「あるとも！　自分の"賜物"を簡単に診断できるテストがあるんじゃが、やってみるかのう？」

「やってみる！」

※賜物…与えられたよいもの。

19

✎ "賜物" 診断テスト

当てはまるものをそれぞれ1つずつ選ぼう!

①質問	そうだ	まあまあ	ちがう	
ものを作るのが好き				
じっくりと集中して作業するのが好き				
動植物のお世話をするのが好き				①の合計点
道具や機械を使うのが得意				
つかれた時は一人になりたい				
計　算	×20	×5	×0 ➡	点

②質問	そうだ	まあまあ	ちがう	
考えたり調べたりするのが好き				
算数や理科の知識を使うのが得意				
一人で行動するのが好き				②の合計点
問題を解決する方法を考えるのが好き				
一人で集中したい				
計　算	×20	×5	×0 ➡	点

③質問	そうだ	まあまあ	ちがう	
何かを創り出すのが好き				
音楽や絵・文章で表現するのが好き				
物語を想像したりするのが好き				③の合計点
人と違うほうがかっこいいと思う				
ルールにしばられたくない				
計　算	×20	×5	×0 ➡	点

計算方法　そうだ：１個 20 点、まあまあ：１個 5 点、ちがう１個 0 点
（例）①の結果が「そうだ２個、まあまあ２個、ちがう１個」の場合
①の合計点：２個× 20 点＋２個× 5 点＋１個× 0 点＝ 50 点

④質問	そうだ	まあまあ	ちがう
人と一緒に行動するのが好き			
仲間を増やしたり、支えたりしたい			
人に教えるのが好き			
困っている人を助けたい			
つかれた時は人に会いたい			
計算	×20	×5	×0

④の合計点
点

⑤質問	そうだ	まあまあ	ちがう
人に影響を与えたい			
リーダーとしてみんなをまとめるのが好き			
目標に向かって動くのが好き			
人と競争するのが好き			
みんなで目標を目指したい			
計算	×20	×5	×0

⑤の合計点
点

⑥質問	そうだ	まあまあ	ちがう
時間どおりに行動したい			
まわりに合わせるのが得意			
決まったやり方で作業するのが得意			
わかりやすくまとめるのが得意			
ルールは大事なので守りたい			
計算	×20	×5	×0

⑥の合計点
点

💡診断結果から "賜物" を知ろう

①～⑥のうち、<u>高い得点だったタイプ 2 ～ 3 個</u>
<u>の組み合わせ</u>が、"賜物" を表しているよ。

①職人タイプ 🔧

ものや道具、機械などを使って何かを作ること、手を動かす
ことが好き。

②研究タイプ 🧪

好奇心が強く、算数（数学）や理科が得意で、考えたり調べ
たりすることが好き。また、一人で行動することが好き。

③芸術タイプ 🎨

音楽や絵・文章などで、表現することが好き。型にはまるの
がきらいで、人と違う方がかっこいいと思う。

④支援タイプ 🤝

責任感が強く、人に教えたり、人を助けたりすることが好き。

⑤リーダータイプ 🚩

積極的で、リーダーになってまわりをまとめ、目標を達成す
ることが好き。

⑥習慣タイプ 📋

ルールや規則を大事にしている。まじめで、決まったやり方
で進めたり、まわりに合わせて行動したりする。わかりやす
くまとめるのが得意。

考えよう

自分のテストの結果をグラフにしてみてみよう。どう感じたかな？

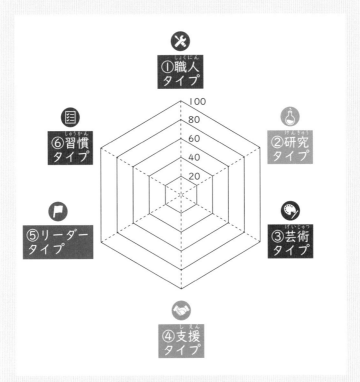

グラフを見て感じたことをメモしよう。

例：1つのタイプにかたよらず、いろいろなタイプに散らばっている。

P.125 【付録】"賜物"診断テスト 記入表

23

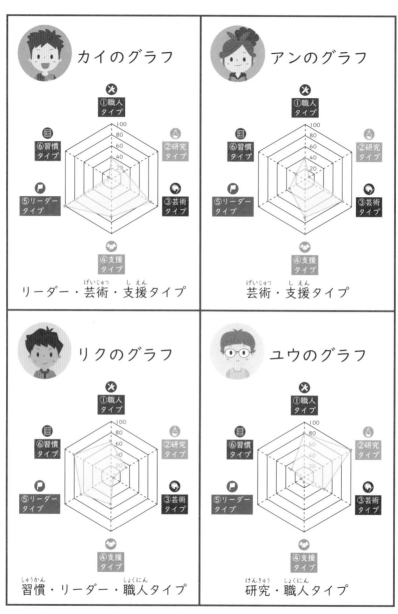

カイのグラフ

リーダー・芸術・支援タイプ

アンのグラフ

芸術・支援タイプ

リクのグラフ

習慣・リーダー・職人タイプ

ユウのグラフ

研究・職人タイプ

「結果は、みんなそれぞれ違うんだね…。」

「そう。みんな違うからこそいいんじゃよ。」

トモじいのグラフ
⊗①職人タイプ
🧾⑥習慣タイプ
👤②研究タイプ
🏁⑤リーダータイプ
🎨③芸術タイプ
❤④支援タイプ
100 80 60 40 20

「トモじいの結果も見せてよ。」

「えっ、なにこれ。万能っていうこと!?」

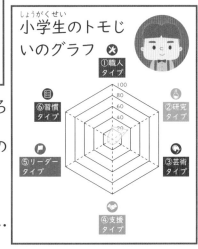

小学生のトモじいのグラフ
⊗①職人タイプ
🧾⑥習慣タイプ
👤②研究タイプ
🏁⑤リーダータイプ
🎨③芸術タイプ
❤④支援タイプ
100 80 60 40 20

「バフッ!　こんなところに、トモじいが小学生の時の結果があるバフッ!」

「あ、バクっ!!　いや…実は、わしはこういう子どもだったんじゃ。とくに好きなこともなくてのう。でも人は、変わっていくものでもあるんじゃよ。**いろいろな経験から学び、成長していくんじゃ。みんなも"賜物"を**大切にしながらも、ヘビのように今の自分から脱皮して、成長していくのじゃ!!」

「ヘビ!?」

3 『夢』は目的『仕事』は手段

「まあね…。研究タイプとか言われても、それが『仕事』にどうつながるかも、よくわからないしね。」

　ユウのまじめな言葉に、みんなもうなずきます。

「そうだのう。では、それぞれの"賜物"を、今ある仕事に照らし合わせてみようかのう。」

⑥習慣タイプ
事務員、銀行員、プログラマー、建設作業員、税理士、会計士、行政書士
など

①職人タイプ
運転手、自動車整備士、建築、消防士、漁師、飼育員、職人、パティシエ、料理人
など

②研究タイプ
システムエンジニア、科学者、研究者、薬剤師、ゲームクリエイター
など

③芸術タイプ
ライター、編集者、演出家、声優、カメラマン、動画配信者、WEBデザイナー、インテリアコーディネーター
など

④支援タイプ
医師、看護師、警察官、カウンセラー、教員、保育士、スポーツインストラクター、ホテルコンシェルジュ、ホテルフロント係、店員
など

⑤リーダータイプ
アナウンサー、放送ディレクター、経営者、店長、政治家、新聞記者、ウェディングプランナー、スポーツ選手
など

「バフッ！　みんなが大きくなるころにはなくなりそうな仕事もあるねえ。」

　バクが口をはさむと、トモじいは落ち着いた声で、こんな提案をしました。

「カイはたしか、動画配信者になりたかったんじゃな。では、動画配信者は何ができたらいいのか、仕事を分解してみてはどうかのう。」

動画配信者がしていること

テーマや流れを考える

予算内で必要なものを準備する

撮影場所や見せ方を考える

仲間と協力して準備する

現場で面白く伝える

動画を編集してアップする

観てくれる人を増やす方法を考える

「動画配信者って、いろいろやっているのね…。」

アンが目を丸くして言いました。

「そうなんじゃ。人前で楽しく話をするのはリーダータイプ、音楽などを組み合わせて表現するのは芸術タイプ、コツコツ編集するところは職人タイプや習慣タイプ、面白い動画をつきつめるのは研究タイプが向いているかもしれんのう。」

「ぼくは、面白く伝えるっていう"しゃべる"ところばかり見ていたのかもしれない。"賜物"診断テストでもリーダータイプだったし。とにかくみんなを楽しませたいんだ。」

「そこじゃよ!!」

「えっ、ど、どこ!?」

「その『みんなを楽しませたい』が“やりたい！”こと、すなわち本当の『夢』じゃ。面白く伝えるのはその「手段」。「手段」の中に動画配信者という『仕事』があるんじゃ。」

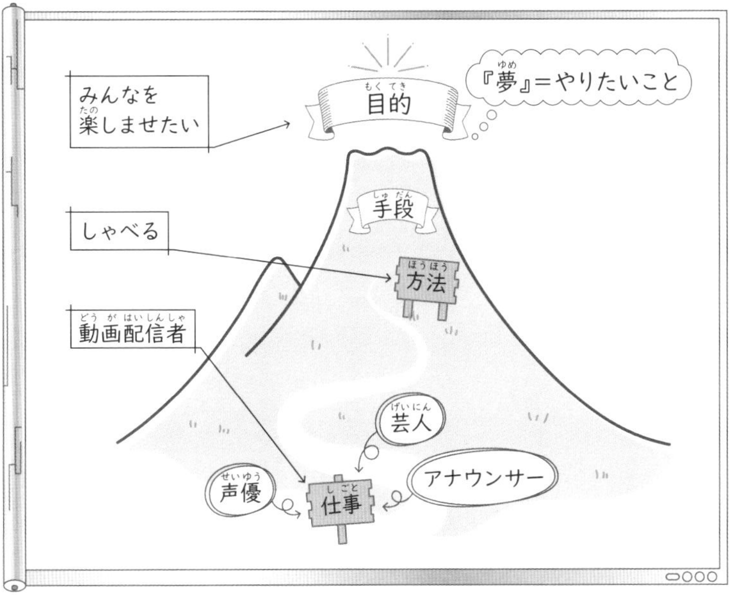

「もちろん、動画配信者を目指してがんばることも大切じゃが、みんなを楽しませたいという**本当の『夢』を忘れないようにすること**。しゃべるという方法や動画配信者という『仕事』などの「手段」が時間とともに変わっても、**本当に“やりた**

い！”『夢』は別の方法で実現するかもしれんか

らのう。」

「それぞれの本当の『夢』を、自分の“賜物”を活

かして、社会の中でどのように実現させるのか…。

その方法は、人生の様々な出来事の中で発見して

いくものなのかもしれないのう。では、人生とい

う山に向かって修行しに行くとしようかね。」

自分の "やりたい！" を見つけよう

巻物型タブレットのヒミツ
まきものがた

キーワードから
立体映像を映し出せる
りったいえいぞう うつ だ

伸縮自在でどこまでも伸ばせる
しんしゅくじざい の
小さくすれば持ち運びもラクに！
ちい も はこ

取り外してスクリーンモードに
と はず

特殊な粒子内蔵で
とくしゅ りゅうしないぞう
お好みのカラーに
この
変更できちゃう！
へんこう

データの自動取り込み＆
じどうと こ
自動編集機能搭載！
じどうへんしゅうきのうとうさい

めいっぱい伸ばせば
の
巨大スクリーンに！
きょだい
いつでもどこでも
大迫力な映像が
だいはくりょく えいぞう
楽しめる！
たの

自分に与えられた"賜物"を武器に、4人はこれからどのように本当の『夢』を見つけ、歩んでいくのじゃろう。実は"やりたい！"は日常生活のいろいろな出来事を通して、自分の役割や価値などがわかってきた時に見えてくるものでな。一緒に4人の生活をのぞいてみようかのう。

　人生が山であるなら、人は道を切り拓いて歩む登山者じゃ。この歩む道筋は「キャリア」とよばれていて、みんなもこの言葉を聞いたこともあろう。もとは中世ラテン語で「車道」という意味でな。

　さて、4人にどのようなキャリアが見えてくるのか…、楽しみじゃ！

1 どうする？　運動会の係決め

「…というわけで、きみたち6年生は最高学年だ
から、運動会の係も、4・5年生を引っ張ってい
くことになる。よく考えて、できる係を責任をもっ
て選んでほしい。

　まずは第1希望をとって、希望者が多い係は、
じゃんけんで決めます。その後、残っている係の
中から第2希望を選んでもらって、また希望者が
多かったらじゃんけん…。わかった？」

　そう言うと、田中先生は黒板に向かい、係と
人数を書いていきました。

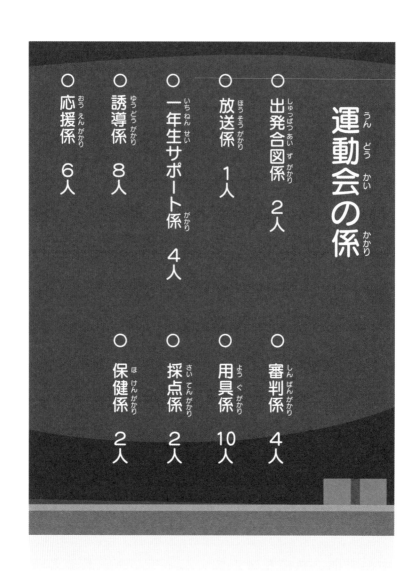

運動会の係

○ 出発合図係　2人

○ 放送係　1人

○ 一年生サポート係　4人

○ 誘導係　8人

○ 応援係　6人

○ 審判係　4人

○ 用具係　10人

○ 採点係　2人

○ 保健係　2人

考えよう

自分だったら、どの係を選ぶだろう？

「それでは、希望する係に、自分の名前を書いて
ください。」

　先生がそう言うと、何人かがわれ先にと黒板に
飛んでいきました。もちろんカイとアンも、希望
する係のところに自分の名前を書きにいきます。

　名前を書き終わった
カイが席にもどる途中、
まだ座ったままでいる
リクに気づきました。
「おい！　リクは、審
判係に決まっているだ
ろ？　何してんだよ。
早く書きにいけよ。」

　そうカイにうながされると、リクはまんざらで
もなさそうな顔をして、ゆっくりと黒板に向かい
ました。陸上クラブで副クラブ長をしているリク
です。心の中では、自分こそが審判係にふさわし

いと思っていたのです。

　しかし、黒板には審判係の定員4人をこえる名前がすでに書かれていました。

　まだ何人かは、係を決めかねて席に座っています。ユウもその1人です。

「ユウ、大丈夫？　係どうするの？」

　アンが声をかけると、ユウは困ったように話し始めました。

「もともと運動会自体、好きなわけではないし。正直、どの係もやりたくない…。」

「でもこの前、一緒に"賜物"診断テストをやったとき、トモじいが、『自分の"賜物"を活かして』と言っていたよね。それを考えて選んでみたら？えっと、たしかユウは、研究・職人タイプだったから…。この係の中だと…どれだ？」

「運動会だよ！　私に合う係なんてないよ…。」

36

　考えているうちに、係がどんどんうまっていき

ます。

　（動き回らないといけない係は、絶対いやだ。）

　そう考えて、ユウはまだだれも希望していない

採点係に、仕方なく名前を書きました。

やりたい！　の見つけ方①
自分は何が得意か考えよう

2 運命のじゃんけん！

「定員オーバーの係は…放送係と審判係、それか

ら…応援係か。それではまず、放送係に名前を書

いた人たちから前に出てきてください。」

「おっしゃー！」

と、カイは勢いよく前に出ていきました。

　放送係を希望したのは、6人です。

「さて、せまき門の放

送係です。夢の放送係

をいとめるのは、一体

だれでしょう。」

　カイはさっそく実況

をしながら、じゃんけ

んにいどみます。

「じゃんけんぽん！」

「やったー！」

　カイの声が、教室中にひびきわたりました。カイは教室のみんなに向かって、ガッツポーズです。

「みなさま、ご声援ありがとうございます。わが小学校名物、応援合戦の赤組の紹介アナウンスは、私めがしかと。」

　教室中がどっと笑いに包まれました。

「はいはい、たのみますよ。さて、次は審判係か。前に出てきて。」

　審判係は、リクのほかに陸上クラブから３人、バスケットボールクラブから２人、サッカークラブから２人が立候補し、運動クラブに入っている計８人で、４人のわくを争うことになりました。

　リクは、わざとゆっくり前に出ていきました。

（なんでだよ。ふつうに考えて陸上クラブの４人が審判だろ。なんで、じゃんけんなんだよ。）

　リクは内心、不満に思っていたのです。

（陸上クラブがやれば、ミスなく判定して、きちんとした大会になるのに…。）

それでも先生は、ほかの係と同じようにじゃんけんで決めるつもりです。

「はい、じゃんけんぽーん！」

「あ…！」

リクは、くやしそうに自分の手を見つめます。

結局、じゃんけんで審判係を勝ち取ったのは、バスケットボールクラブ、サッカークラブからの4人でした。

「では次。応援係、出てきて。」

　応援係は、定員6人のところ希望者10人と、こちらも大人気です。このクラスには、アンと同じダンス教室でダンスを習っているミミをはじめ、おどれる人、声がよく出る人…など、応援係に向いている人がたくさんいるのです。

　アンは、右手に願いをこめながら、前に出てきました。

「どうか、どうか応援係になれますように…。」

「じゃんけんぽーん！」

「あいこでしょ！」

「あいこでしょ！」

　なかなか決まりません。

　アンは、何度も、右手に願いをこめて、じゃんけんをしました。

しかしアンの願いは届きませんでした。一方、同じダンス教室のミミは、応援係に決まりました。ミミの喜ぶ姿を見ると、いっしょにおどりたかったと、よけいに悲しさがこみ上げてきます。

「次は…。」と先生が言いかけた時、チャイムの音が聞こえてきました。

「おお、もう時間か。今日は第1希望で決まった人までだな。第1希望になれなかった人は、明日までにどの係にするか、空いている係の中から選

んできてください。空いているのは、1年生サポー

ト係、用具係、誘導係、あと保健係と採点係も

1人ずつわくが空いていますからね。わかった？」

「はーい！」

　休み時間になると、落ちこんでいるアンのとこ

ろにユウがやってきました。

「大丈夫？　採点係、一緒にやらない？」

「…うん。ありがとう。考えてみる…。」

　アンはそう言いながらも、応援係でないと小学

校最後の運動会がつまらないものになりそうな気

がしてなりませんでした。そして喜んでいるミミ

に声をかける気にもなれなかったのです。

考えよう

・自分が希望通りの係になれなかったら、ど
　んな気持ちになるだろう？　ほかにどの係
　を選ぶだろう？

3 希望通りにならなかったら…

　帰り道。まだ興奮がさめないカイが、それでも一生懸命に声のトーンを落として話しかけました。

「でさ、アンとリクは、どうするの？」

「ぼくはもう、どうにでもなれって感じかな。」

「私も、運動会自体に興味がなくなりつつある。小学校生活の最後、盛り上がりたかったのに…。」

「バフッ！　希望が通らなかったんだから、手をぬいちゃえ！　一生懸命になんてならなくていいさ！」

　後ろからとつぜんそう話しかけてきたバクの口をふさぎながら、トモじいがあわてて割って入りました。

「いや、いや。人間、逆境の時ほど、真価が問われるんじゃよ。つまり、思い通りにならない時こそ、その思い通りにならないことをどうとらえるのかで、人生、よくも悪くもなるということじゃ。投げ出したりしてはいかんぞ。」

「あっ、トモじい。でも、ずっと応援係をやりたかったから…。ほかにやりたい係なんてない…。」

「そうじゃな…。そもそも第1希望の係のどこにひかれていたのか、考えてみたらどうじゃろう。」

「私は、ダンスが好きだったから。」

「アンは、ダンスのどこが好きだったんじゃ？」

「なんだろう…一体感が味わえるところかな。」

「なるほど。それはよい分析じゃ。一体感が味わえる係がほかにないか考えてみたらどうじゃ。」

考えよう
・P.34 で希望した係を選んだ理由を、よく考えてみよう。

45

「ない…かな。ただ、あきてしまった1年生がさわいで、一体感どころではなくなってしまうという問題はあるかも。だから1年生サポート係が面倒を見ないといけないのだけど。」

「それなら、低学年にも一体感を味わわせてあげられるように、1年生サポート係になるということも考えられるわけじゃのう。」

「そうか。1年生サポート係か…。」

「ぼくは、大会がうまく運ぶかどうかは、審判次第だと思っていて。だから審判係がよかった。」

「なるほど。リクは、大会をきちんと進めたいわけじゃな。」

「うん。お父さんが会社でいろいろなプロジェクトをきっちり進めているのを見て、かっこいいなと思って。目立たなくていい。ただ、みんながとまどうことがないように大会を進めたいんだ。」

リクは思いついたように、

「そうか！　誘導係は、目立たないけれど、大会運営で大切な係なのかも。そういえば、この前の避難訓練は、先生がしっかり誘導してくれていたから、みんないつ、どう行動すればよいのかがわかって、予定より早く終わったよね。」

「ほーほー。係の内容から、その係の何にひかれているかを考えることができたのう。前に言った“『夢』は目的、『仕事』は手段”ということと同じじゃよ。自分自身がひかれることが目的、係は手段なんじゃ。目的に向かう手段はいろいろある。山頂に向かう道が、いろいろあるように…な。」

やりたい！　の見つけ方②
自分は何にひかれるのか考えよう

4 波乱！ 混乱！ の予行練習

　運動会の係が決まり、カイは放送係、アンは１年生サポート係、リクは誘導係、ユウは採点係として、それぞれ準備を進めていきました。

　そして運動会開催１週間前の予行練習当日の朝。先生が深刻な顔をして教室に入ってきました。

「おはようございます。今日は、予行練習ですね。その前に、大事な連絡があります。昨日、ミミさんが交通事故にあってしまいました。かなり大きなけがをしたということです。当分の間、入院することになるかと思います。」

　予行練習のために少しざわついていたクラスは、一気に静まり返りました。

　ミミの交通事故というニュースに気持ちがしずむ中、予行練習が始まりました。

カイは、暗い気持ちをなんとか振り払おうと、マイクに集中していました。全校で行う開会式と体操が終わり、いよいよ競技開始です。カイはいつもにも増して、元気な声でアナウンスしました。

「次は、2年生による『大玉転がし』です！」

その時、リクたちは入場門であわてていました。

「2年生がいない！」

すると2年生の担任の先生が、2年生を走らせて連れてきました。

「次の競技なんだから、体操の後、すぐ入場門に誘導しないとダメでしょ！　みんな応援席にもどってしまっていたわよ。」

「あ…。」

走ってきた2年生は、競技前にすっかりつかれてしまった様子です。

49

競技が進むにつれ、予行練習はますます混乱してきました。

　1年生の席では、たいくつしてしまった子たちが、大声を出したり、歩き出したりし始めました。

「席に着こう。一緒に赤組を応援しよう。」

　1年生サポート係のアンがそう声をかけても、もはやだれも聞いてくれません。

「どうしよう。大声で注意するとか無理だし…。」

そして、午前の部の終了時間になりました。すでに予定より30分以上おくれています。

「午前中の得点集計、まだ？」

放送係が大声で何度も聞いていますが、ユウたち採点係は、何度も計算をしなおしています。計算のたびに、合計点が違ってしまうのです。

ついには、６年生の応援席から不満が出始め、大混乱です。

「おい！　何色が勝っているんだよ！」

最後のリレー前の応援合戦のころには、予定より１時間もおくれてしまいました。

　　６年生赤組応援団の紹介は、カイです。カイは、朝の出来事を心にしまい、明るい顔を作ってマイクに向かいました。

　「みなさま、お待たせしました！　今年の赤組の応援は…。」

　　カイの応援団紹介に、会場から大きな拍手がわきあがります。元気よく入場する応援団。でも、その中にミミはいません。

　　ミミがいない応援団…。カイは拍手を受けながらも、やりきれない気持ちでいっぱいになりました。

　帰り道。いつもはみんなを盛り上げるカイも静かです。みんなうつむきがちで、ためいきばかり。アンもリクもユウも、係がうまくいかなかったことで、気落ちしていたのです。

「バフッ‼　おつかれー！　なんかうまくいかなかったんだって？　失敗？」

「バク、なんだよ…。トモじい、みんなつかれているから、バクを静かにさせてくださいよ。」

　リクがいらだちながら言いました。

「すまん、すまん。じゃがな。失敗は、おおいに喜ぶべきことじゃよ。」

53

「トモじいまで…。」

アンも困り顔です。

「いや、失敗したと思う時には、何がいけなかったのか、考えることができるじゃろ。それが喜ぶべきことなんじゃ。それぞれ、どこがいけなかったのか、ふり返ってみたらどうじゃ。」

「私は、１年生に一体感を味わわせるどころか、大きな声で注意することもできなかった。まあ、大声で注意なんてしたら一体感なんて味わえないけど…。」

　アンがボソッと自信なさげに言うと、リクとユウも続けます。

「競技の順番は知っていたはずなのに、移動時間とか、細かい動きがわかっていなくて…。」

「私は、緊張しちゃって計算が思ったようにできなかった。難しい計算もあったし…。」

「すばらしい！　みんなすごいのう。よく問題点をわかっておって。」

　みんなの言葉を、うなずきながら聞いていたトモじいが、いたく感心した様子で言いました。

「では、今度は、その問題点に対して、**自分に何ができるか**考えてみてはどうかのう。①自分の得意なことや、②ひかれていること、もヒントになるはずじゃよ。」

やりたい！　の見つけ方③
困った時は自分に何ができるかを考えよう

「１年生でも一体感をもって、あきずに応援できるように、私の得意なことで…。」

　アンが考え始め、リクも思いをめぐらします。

「きっちりと進めるために、何が必要だったんだろう。ぼくができることで…。」

「計算。計算をあわてて間違えてしまわないようにする、何か…。あ、もしかしたらできるかも！」

　ユウはさっそく何か思いついたようです。

「よきよき。運動会本番が楽しみじゃ！」

考えよう

・最近、うまくいかなかったことをふり返り、
　問題点を考えてみよう。
・自分の得意なことで、その問題点が解決で
　きないか、考えてみよう。

5 そして…運動会当日！

運動会当日。青天に恵まれ、会場は大にぎわいです。トモじいもバクをつれて、見にきています。

入場門では、リクがスケジュール表を片手に、誘導しています。

　このスケジュール表は、予行練習の後、リクが思いついて作ったものです。競技の開始時間だけでなく、招集にかかる時間や予備の時間も考えて一覧表にしたのです。係全員がこれをもとに行動すれば、余裕をもって誘導できます。

　腕に光る大きなうで時計は、お父さん愛用のもの。リクがパソコンに向かい、一生懸命スケジュール表を作成している時に貸してくれたのです。

「よし、時間通りだ！」

さて、１年生の席にいるアンはどうでしょう。

アンは、１年生があきないようにするために、自分の得意なダンスを活かせないかと考えました。そこで思いついたのが、席に座って小さくおどる応援ダンスです。

アンが応援のリズムに合わせて体を動かすと、１年生もまねをします。そしてスタートのピストルを鳴らす時は、アンの「シー！」のポーズに合わせて、１年生も「シー！」と静まります。そんな様子を見て、アンは１年生がとてもかわいく思えてきました。

59

ユウは、プログラミングの技術を活かし、採点システムを作ってきました。競技ごとに順位を入力していくだけで、その競技の得点が自動的に集計されるというものです。これなら、計算ミスも起こりません。

60

　運動会はスムーズに進み、そして、いよいよクライマックス。組対抗リレーを前にした応援合戦です。カイたち放送係にとっては、この応援合戦の紹介アナウンスが見せ場です。

「続いて、赤組です。」

　カイは、そう言うと、おもむろにポケットからICレコーダーを取り出し、マイクに近づけました。

「みなさん、こんにちは。」

　明らかにカイではない声に、クラスのみんなはどよめきました。

「赤組応援団６年生のミミです。私は交通事故にあってしまい、今日、この小学校最後の運動会に参加できません。赤組の応援を見ることもできません。一緒に応援して、踊りたかったです。だから私も心を込めて、病室から声援を送りたいと思います。では、ごらんください！　赤組全員で心を合わせて行う応援です！」

61

「赤組、がんばれ！　赤組、負けるな！」

　赤組からだけでなく、会場にいるすべての人か

ら大きな拍手が起こる中、赤組の応援団はミミの

思いを胸に、グラウンドの中央に飛び出していき

ました。

　運動会の予行練習で放送係をうまくこなすことができたカイでしたが、応援団にミミの姿がないことがずっと気になっていました。一緒に赤組を盛り上げてきた仲間です。なんとかミミも運動会に参加できないかと思い、考えついたのが、ミミの声を届けることでした。そこで、運動会前日にミミの入院先を訪れ、応援団の紹介アナウンスを録音してきたのでした。

　カイは1年生のころから、6年生になったらこの紹介アナウンスで、自分の声を届けたいと思っていました。思い描いてきた形ではありませんでしたが、今はとても満足しています。みんなで赤組を盛り上げることができたのですから。

やりたい！　の見つけ方④
だれかのためや社会のために自分ができること、したいことを考えよう

6 運動会が教えてくれたこと

「おつかれさま。よくかんばったのう！」

「トモじい！」

「トモじいのおかげで、すごく思い出に残る運動会になったよ。ありがとう！」

アンがお礼を言うと、ユウも続きます。

「私の採点システム、来年以降も使わせてほしいって先生から言われて…。自分が運動会で役に立てるなんて、思わなかったです。ありがとうございました。」

64

「いやいや、わしのおかげなんかじゃなくて、運動会の成功は、きみたち自身によるものじゃよ。ほら、こんな研究もあるんじゃよ。」

①18歳の時点でなりたいと考えた職業に実際についた人は、わずか２％

②実はキャリアの８割は、偶然によって決定される

③"偶然をチャンス" にして、自分の可能性を広げられるかは、自分次第！

※「計画された偶然性」（スタンフォード大学　ジョン・ユウ・クランボルツ教授）より

「じゃんけんという偶然で…私は１年生サポート係になって、小さい子とかかわることが好きだってわかった。」

「ぼくも偶然、誘導係になったことで、計画表を作るのが、面白いと思えたし。」

「そうじゃろ。そんなふうに偶然をチャンスに変えるには、心のもちようが大切なんじゃ。」

「なるほど！　たしかにぼくたち、あきらめな
かったし…むしろ楽しんでいたかも！」

　カイは、ちょっとほこらしげです。

「人生にはいろいろなことが起こる。そのたびに、
道をはばまれたような気がするものじゃが、『面
白い、やってみよう、大丈夫、あきらめない、こ
だわらない』この５つの心をもっていれば、また
新たな道が見えてくるものじゃ。」

「なんか、ぼくたちがやりたい仕事がなくなるかも…って心配していたけれど。自分も変化しながら、また新しい道ができていくものなんだね。」

　リクの言葉に、カイもアンも大きくうなずきました。

「私にも、『夢』への道ができてくるかな。」

　ユウの表情もちょっと明るくなったような気がします。

第3章
だい　しょう

"やりたい！" を社会につなげよう
しゃかい

5人の関係
にん　かんけい

みんなが生きる社会は解決しなくては
いけない問題であふれておる。貧困や子
どもたちが教育を受けられない問題、地
球規模の環境問題…などは、世界のみん
なで考えなくてはいけないことじゃ。み
んなの"やりたい！"で、こうした問題
を解決することができたら、どんなに明
るい未来が拓けることじゃろう。

　こうした大きな問題に取り組める人に
なるには、まずは身近な社会に目を向け、
解決できるように行動することが大切な
んじゃが…。さて、４人はどのようなこ
とに目を向け、"やりたい！"に取り組
んでいくんじゃろうな。

1　長引くミミの入院

「さて、運動会に声で参加してくれたミミさんなんだが…。」

　帰りの会で先生がこう切り出すと、教室は急に静かになりました。みんな心のどこかで、ミミのことをずっと心配していたのです。

「昨日連絡があって、退院は足のけがが完治するまで少し長引きそうなんだ。まあ、みんなによろしくということだから、気長に待ってあげてほしい。」

「ところで、新学期の初めに出していた宿題の『将来の夢』の作文を、まだ提出していない人がいます。そろそろ出してください。夏休み前までだよ！わかった？　では、今日はこれで終わります。」

「起立！　礼！　さようなら！」

「まずい！　作文なんてすっかり忘れていたよ。」

帰り道、カイがそう切り出すと、ほかの3人も気まずそうにしています。

「トモじいに見せてもらった将来の予想図（◉P.16〜P.17）のことを考えると、書く気になれなくて…そのままにしていた！」

「あの後、運動会でいそがしかったしね。」

「うん、たしかにいそがしかった！」

「おーい！」

「ん？　トモじいの声？　どこ？　どこにも姿が

見えないけど。」

　すると、遠くからものすごい速さでトモじいが４人を追いかけてきました。

「トモじい、足速い！」

「みんなの運動会の活やくに感化されてな。これを買ったんじゃよ。1000倍ボディスーツ!!」

「これを身につけると、筋力が1000倍増しになるんじゃ。筋肉へのトレーニング効果もあってな。ありがたい発明じゃのう。それはさておき、『将来の夢』の作文、まだ書いていないじゃと？」

「耳までよく聞こえるのか。このスーツ！」

「この1000倍ボディスーツのように、だれかが喜ぶこと、幸せになることから、『夢』を考えてみるといいかもしれんぞ！　わしも今、一緒に散歩してトレーニングまでしてくれるペット＆コーチロボットを考えておって…。」

「だれかが喜ぶこと、幸せになること…か。」
「そういえば、カイは人が幸せになる放送をしたよね。私、昨日ミミと連絡をとったんだけれど、運動会に参加できて、すごく喜んでいた。」
と、アンが思い出したように言いました。

「でも、入院が長引くからさびしいって。なんか取り残されたみたいって…。」

みんな、だまりこんでしまいました。

もし、自分が１人で入院していたら…。そう思うと、ミミのさびしさやあせりが自分のことのように感じられ、心がしめつけられます。

「まず目の前にいるミミが喜ぶこと、幸せになることをもう少し考えてみたいな。そこからだれかが喜ぶこと、幸せになることにつながるかもしれない。」

カイがそう言うと、トモじいは我が意を得たりという顔をして言いました。

「もしかしたら、その先に、みんなの『夢』が見えてくるかもしれんぞ！」

やりたい！ の活かし方①
人や社会が幸せになるには、どうしたらよいか考えよう

2 "ミミ友" 会議開催

　ミミを喜ばせるために何ができるか考えよう
と、4人はさっそく近くの児童館に集まりました。
リクは手慣れた様子で、いすの近くにホワイト
ボードを持ってきました。

「さすがリク！　ホワイトボードまで準備して、
なんか、先生たちの職員会議みたいだ！」

　興奮気味にはしゃぐカ
イに、アンも続けます。

「本当だ！　先生ではな
くて、ミミの友達が集
まった会議だから "ミミ
友" 会議だね。」

「おお！　そう呼ぼう！
"ミミ友" 会議。」

リクはホワイトボードに大きく「"ミミ友"会議」と書くと、冷静に話を始めました。

「で、何ができるか…だけど。○×ウイルスがはやった時、授業をインターネットで受けたよね？あの時みたいに授業を一緒に受けられるようにするのは、どうだろう。あ、でもあの時、みんなに会いたい気持ちは、なくならなかったか…。」

「ぼくの面白い動画配信はどう？　クラスのみんなにインタビューしまくってさ。」

カイもアイデアを出します。

「それいいね！　私のダンスも撮影して！」

アンはそう言った後、「あ、でもミミは今、踊れないんだ…。」とだまりこんでしまいました。

しばらく沈黙が続いた後、リクが言いました。

「もしかしたら、まずは、ミミの気持ちを聞く必要があるかもしれない。」

するとアンが思いついたように、こう提案しました。

「いとこがミミの入院している病院で働いているから、ミミだけではなく、入院している子どもたちみんなの声も聞いたらどうかな。それもきっと参考になると思う！」

「そうだね。ぼく、アンケートを考えてみるよ。アンケートが集まったら、また“ミミ友”会議で、企画を考えよう。」

リクがそう言うと、みんなうなずきました。

ユウは、口にこそ出さなかったのですが、日本全国に入院生活を送っている子どもたちがどのくらいいるのか気になって、ひそかに調べてみようと、この時、思っていたのです。

やりたい！ の活かし方②
いろいろなデータを集めよう

リクは家に帰ると、さっそくパソコンに向かい、入院している子どもたちに聞くアンケートを考え始めました。

「いや、違う。うーん。どう聞けばいいんだ？」

思わず大きな声をあげると、お父さんがパソコンをのぞきこみました。

「なんだ。勉強じゃないのか。」

「あ、いや…。」

リクは、みんなで話し合っていることを、お父さんに話しました。

「いいねー！　でも、クラスのみんなも同じ気持ちなのか、そのアンケートもとってみたいね。」

お父さんと話していると、後ろからお母さんも参加してきました。

79

「アンケートを大きなボードにして教室に貼って、みんなにシールを貼ってもらったり、書きこんでもらったりするのはどう？　クラスのみんなも、ほかの人の考えが一目でわかって、面白いと思わない？」

「さすがお母さん！　リク、1人でかかえこまず、こうやって仲間を増やしていくんだ。田中先生やクラスのみんなにも仲間になってもらって。」

　どこから手をつけていいかわからなかったリクでしたが、"仲間を増やしていけばいい"という言葉に、救われた思いがしました。

「できた！　お父さん、仲間として、アンケート案、見てくれる？　これでいいかな？」

「おお！　わかった。どれ、どれ…。」

考えよう
　自分だったらどんなアンケートを作るだろう？

クラスのみんなへのアンケートボード

ミミを喜ばせることをしたいと思います。
意見を聞かせてください。

クラスのみんなで
することについて
どう思いますか？

賛成	反対

ミミのためにどんなことを
したいと思いますか？

そのほか
なんでも書いてください。

入院している小学生へのアンケート

質問1　入院していて、学校のことを知りたいと

思ったことはありますか？　〔　はい・いいえ　〕

質問2　学校のどんなことを知りたいと思いまし

たか？

質問3　学校への思いを何でも書いてください。

81

3 「思い」を企画に

　2週間後、4人は再び児童館に集まり、2回目の"ミミ友"会議を始めました。

　リクは、教室の後ろに貼っていたアンケートボードをみんなの前に置き、

「全員賛成。それにいろいろ書いてくれている。」

と、うれしそうです。

「あ、田中先生も書いてくれている。『みんなが考えた企画が、きっとベスト！　田中』だって…。」

　アンが目ざとく見つけました。

「先生のお言葉、ありがたいですっ！」

　カイがボードに頭を下げると、みんな大笑いです。

続いて、アンが入院中の子どもたちから集めた
アンケート結果をみんなに見せました。

「なんと！　入院している小学生全員に、アン
ケートに答えていただくことができました！　パ
チパチ！」

入院している小学生へのアンケート結果

質問1　学校のことを知りたいと思うか

　　はい…9人　　　　　　いいえ…2人

質問2　学校のことで知りたいこと

・みんながどうしているか　　・面白い出来事

・授業の様子　　　　　　　　・先生やみんなのこと

質問3　学校への思い

・行けないのはさびしい　　　・もう忘れた

・ただおしゃべりがしたい

・友達から忘れられていそう…

・病院でも勉強を教えてもらっているけれど、みんな
　がどんな勉強をしているのか気になる

「なるほど…。病院で勉強を教えてもらっている子もいるんだね。」

「勉強もだけど、友達のことを書いている子が多いよね。やっぱりさびしいよね。」

「『学校のことを知りたいと思うか』の答えを『いいえ』にしている子が、『もう忘れた』と答えているの。さびしさの裏返しのような気がする…。」

「うーむ。なかなかやるのう…。」

「トモじい！　いつの間に！」

「このアンケートから、入院しているみんなの本当の願いを読み取ることが、問題を解決するための重要なポイントなんじゃよ。」

「私は"つながり"とか"一体感"が欲しいというのが、本当の願いだと思う。」

アンの言葉に、みんなも賛成します。

「『ただおしゃべりがしたい』というのも、なにげない"つながり"っていうことだよね。」

「入院している子たちが"つながり"を感じられるようにすることを考えればいいのかも。」

リクは、ホワイトボードに大きく「つながり」と書きました。

やりたい！ の活かし方③
相手の気持ちを深く理解して、必要とされていることを探ろう

「クラスのアンケートでは、圧倒的に病院にお見まいに行きたいっていう意見が多いよ。みんなで会いに行く？　“つながり”を感じられるよね！」

「あの…。」

アンが小さく声を上げました。

「いとこの話では、大人数で病院に行くのは、難しいみたいで。ウイルスを持ちこんでもいけないし…。」

ここまできたところで、みんな固まってしまいました。

「バフッ！　難しいって！　つながろうなんて。」

つながり

バフッ！　バフッ！

「インターネットの力を借りるしかないか。」

しばらくたって、カイが口火を切りました。

「授業を中継しても、みんなと“つながり”を感じにくいのは、○×ウイルスの時にぼくたちも体験したよね？　教室にいると、ちょっと目くばせしたり、小さい声で何か言い合ったり…。そういうのが“つながり”を感じさせるのかなと思うけれど。」

「それなら、授業ではなくて、そのまま教室にいる感じの中継がいいのかな…。」

アンがそう言うと、みんな一斉に、言いました。

「休み時間！」

「これで決まり！」

　カイは、ホワイトボードに大きな文字で『ミミと休み時間』と書きました。

「バフッ！　いや〜、動画配信で教室の休み時間の様子を映してもさ、ミミも、どうからんだらいいか、わからないと思うバフッ。」

　バクがまた口をはさむと、トモじいがすかさず、こう提案しました。

「休み時間に病院とインターネットをつなぐ、その先をみんなでアイデアを出し合ってみたらどうかのう。このアイデア出しのポイントは、①思いつくままに　②否定的なことを言わず　③楽しみながらじゃよ！」

やりたい！　の活かし方④
解決するアイデアを思いつくままに出していこう

88

「今週のクラスのニュース、とか？」

　リクが気を取り直して提案します。

「やっぱりダンス！　音にあわせて指でダンスならできるかも。」

　アンも続きます。

「学習発表会の合唱を一緒に歌う…とか…。」

　ユウも一生懸命考えています。するとカイが

「クイズ大会は？　クラスのみんなからクイズを集めて。リクは最近、先生に怒られました。理由は何でしょう？　答えは、『将来の夢』の作文をまだまったく書いていなかったから！」

「それ、ここにいるみんなだろ！」

　笑い声に包まれながら、ホワイトボードには、アイデアがたくさんたまっていきました。

> ### 考えよう
> ・自分なら、どのようなアイデアを考えるだろう？

「まずい！　もうあと30分で閉館時間になっちゃう。」

　リクが時計を見ながらそう言いました。アイデア出しは楽しくて、あっという間に時間が過ぎていました。

「この中から、しぼればいいかな？」

　カイの言葉にみんなうなずきました。

「クイズ大会は、とてもいいと思う。」

　そう言うアンの意見に、みんなも賛成です。

　するとユウも提案してきました。

「指ダンスもいいと思う。私みたいに体を動かすのが苦手な人でも、リズムに合わせて指を動かすダンスなら、楽しめそう。うちのクラスは音楽が好きな人が、多いしね。それに間違いなくミミは喜ぶ!!」

そういうわけで、『ミミと休み時間』の企画は、クイズ大会と指ダンスを軸に、とりあえず第1回目の実現を目指すことになりました。

「で、この後だけど。まずは先生に相談だよな。病院にも話さないといけないし…。」

カイがそう言うと、みんな不安な顔をしました。先生が、大人たちが…自分たちの提案を真剣に聞いてくれるか、確信がもてなかったのです。

「面白い！　やってみよう！　大丈夫！　の心じゃよ（忘れとったらP.66を読み直すんじゃ）。」

"偶然をチャンスにする"
5つの心
面白い！・やってみよう！・大丈夫！
あきらめない！・こだわらない！

すると、リクが思い出したように言いました。

「そうだ！『企画書』を作ってみるよ。アンケートの結果やほかにもいろいろなデータがあると説得力が増すって、お父さんが言ってた。」

「あの…データなら、あるかも…。」

ユウがスマートフォンを取り出しました。

「えっと。文部科学省の調査※なんだけれど、1年間でのべ1478人の小学生が病気やけがで長い期間入院しているんだって。それから入院している小・中学生がいる学校の約2割は、入院中の子とクラスのみんなとの交流ができていないみたい。気になったからインターネットで調べたの。こういう子どもたちにも広がっていくといいなと思って。」

考えよう

・どのようなデータがあったら、まわりを説得できるだろう？

（例）入院している子どもたちの入院期間

「全国に!?　ユウすごい!!

みんな喜ぶよ!!」

「ユウ、そのデータをぼく

に送ってくれる？　企画書

に入れてまとめるから。」

　リクがそう言うと、

「そうだな。ここはリクだ

な！　おまえしかいない！

たくす！」

　カイの調子のいい言葉に、みんな笑いながらう

なずきました。

やりたい！　の活かし方⑤
選んだアイデアをデータと一緒にわかりやすくまとめよう

※文部科学省「長期入院児童生徒に対する教育支援に関する実態調査」2014

4 企画書の完成！

「これでどうだろう？」

　リクがちょっとほこらしげに、企画書をみんな
に配っていきます。

「"ミミ友"会議、これで何回目だろう？　やっ
と、やっと…ここまできましたかー！」

　カイもうれしそうです。

「何か直すところとか、あるかな？」

「ここ、四角で囲って、目立たせたら？」

　4人それぞれのアイデアを盛りこみ、企画書は
よりよいものになっていきました。

休み時間に"つながろう"

ミミと休み時間

カイ
アンリ
リク
ユウ

1.考えたわけ

・運動会に「声」で参加したことをミミが喜んでいた。
・ミミの入院はまだ長引きそうだ。

⬇

クラスと"つながる"方法はないか

---

2. 入院している子どもたちの気持ちは…?

質問1 学校のことを知りたいと思うか

いいえ:2人

はい:9人

> 質問2 学校のことで知りたいこと
> ・みんながどうしているか　　・昼休い出来事
> ・授業の様子　　　　　　　　・先生やみんなのこと
>
> 質問3 学校への思い
> ・行けないのはさびしい　　　・もう忘れた
> ・たださしへりがさびしい
> ・友達から忘れられていそう
> ・病院でも勉強を教えてもらっているけれど、みんな
> がどんな勉強をしているのか気になる

⬇

クラスと"つながりたい"

入院している子どもはたくさんいる!

全国で長く入院している児童・生徒の数
(のべ人数)

入院している児童・生徒との
交流をしているか

いいえ 30%
はい 70%

⬇

みんな"つながりたい"のでは?

3.提案

休み時間に"つながろう"

学校と病室をインターネットでつなぎ、
昼休みの時間を一緒に過ごす

⬇

『ミミと休み時間』という企画を実施する

⬇

全国の入院している子どもたちがいる学校で
実施!

4.『ミミと休み時間』の内容提案

企画1 ザ・クイズ大会

クラスのみんなから募集したクイズと、ミミに考えてもらったクイズで
クイズ大会をする。クラスのみんなからは、学校の様子がわかるクイズや先生ネタのクイズ
を主に集め、ミミには病院のトリビアクイズを考えてもらう。

企画2 ザ・指ダンス

音楽のリズムに合わせて、顔や手の指などを使って、座ってできるダンスを踊る。曲はみ
んなから募集し、ダンスはみんなで考える。慣れてきたら、ミミにも考えてもらう。

⬇

休み時間に"つながろう"

翌日、4人は完成した企画書を、田中先生のところに持っていきました。

「すっごい!!　やるなぁ、みんな。そうだ、みんなで校長先生にプレゼンしてみてくれる？」

「プレゼン？　なにそれ？」

「プレゼンテーションの略で、計画や企画などを会議で説明すること、だよ。わかった？」

　ユウがおどろいた様子で、確認します。

「つまり、校長先生に、私たちが説明して説得しろと？」

　すると、田中先生は笑顔でうなずきました。

「やるしかないかー。」

　カイがそう言うと、みんなも心を決めたようです。

「クラスアンケートはぼく、病院アンケートの部分はアン、全国のデータはユウが説明するとして。全体進行はカイにお願いしてもいいかな。」

「リクさま、了解ですっ！　おっしゃー！　プレゼンとやら、挑戦させてもらいましょうか!!」

　カイが叫ぶと、先生がこう付け加えました。

「明日の朝の職員会議で、プレゼンよろしく！」

「えーっ！　先生全員がいるところで？　明日!?」

「善は急げだ。それに先生がみんないるほうが、いろいろ助けてもらえるかもしれないだろう？」

「まあ、協力してくれる仲間が増えるのは…たしかにいい…。」

　リクは、お父さんの言葉を思い出しながら、言い聞かせるようにうなずきました。

やりたい！　の活かし方⑥
仲間を増やそう

○○○○

97

5 恐怖のプレゼンと広がる輪

　翌朝。いつもより早く学校に集まった4人は、

緊張の面持ちで、職員室に向かいました。

「失礼します!!」

　カイの大きな声に合わせてドアを開けると、校

長先生をはじめ、先生方が一斉にこちらを見ます。

昨夜からそれぞれ担当部分を練習してきたもの

の、ぶっつけ本番です。4人は、緊張で全身が心臓

になったかと思うくらいドキドキしていました。

「ぼくたち4人が考えた企画を、ここで提案させ

ていただきます。」

いつになく大人っぽい口調のカイが、企画を説明し始めました。

田中先生が、目の前の席で見守ってくれています。校長先生も終始にこやかにうなずいてくれていて、次第にみんなの心も落ち着いてきました。

「以上が、ぼくたちが考えた『ミミと休み時間』企画です。ぜひ実現したいです。よろしくお願いいたします。」

そう言い終わると、先生たちから大きな拍手がわき起こりました。

拍手が収まると、校長先生が

「よくわかりました。ありがとう。ぜひ実現させてください。ミミさんが入院している病院の院長先生には、私から話しておきましょう。」

と言ってくれました。

「視聴覚室の機材を、自由に使っていいから。」

「チャイムの音、消した方がいいかしらね？」

「卒業生で病院の方の中継を手伝ってくれそうな大学生がいるんだけど、話してみようか？」

　いろいろな先生が声をかけてくれて、「仲間」がどんどん増えていきます。4人は、緊張がほぐれたのと、うれしいのとで、涙が出そうなのを必死でこらえていました。

> **考えよう**
> ・この企画を広めるためには、ほかにどのような人に声をかけ、協力をしてもらうとよいだろう？　自分でも考えてみよう。

6 突然の…さよなら

　しばらくたった、ある日。朝の会に入ってきた先生の表情は、いつになく暗く悲しげでした。先生の異変に気づいたクラスのみんなは、静かに先生の言葉を待っていました。先生は息を大きく吸いこみ、みんなにこう切り出しました。

「みんなに、報告しなくてはいけないことがあります。ミミさんのことです。ミミさんは、元気にまたダンスが踊れるようになるために、ミミさんのお母さんのご実家近くにある大きな病院でリハビリをがんばることになりました。

　それで…小学生のうちにこのクラスにもどることはできそうにないということで…。新しい病院の近くの小学校に転校する形をとって、そこで勉強をみてもらうことになりました。」

「えっ、転校…？」

その後、先生に呼び出された４人は、『ミミと休み時間』を、『ミミのお別れ会』として開催してほしいと提案されました。

　４人は、うつむいて、ただうなずいていました。

　その日、４人は企画のことも、ほかのことも、一言も話さずに、帰り道をただ歩いて帰りました。あんなに楽しみにしていた企画の実現が、"さよなら"の企画になるなんて…。みんなどこか納得できず、くやしく、そして悲しくて仕方ありませんでした。

翌日からは、4人とも、心をおおう悲しさをふり払うかのように、企画実現のために動き出しました。クラスのみんなも協力してくれて、クイズは20個も用意できました。ミミが笑ってくれるような楽しいクイズばかりです。指ダンスも、クラスのみんなでマスターしました。当日、ミミが一緒にできるように、前もって動画も届きました。

当日。回線の設定は視聴覚委員も手伝ってくれました。準備がすべて終わると先生は言いました。

「いいか。40分で回線が切れる設定になっているから。たのむな。」

「はい。」

リクはスケジュール表を見ながら、そう力強く答えました。

病院では、卒業生の大学生が中継体制を整え、ミミのとなりでスタンバイしてくれています。

いよいよ司会のカイが、大きな声で元気に中継を開始しました。

「さて！　始まりました！　『ミミと休み時間』あらため『ミミと…』。」

　そこまでいうと、カイは胸がいっぱいになってしまいました。が、懸命に心を奮い立たせます。

「『ミミと盛り上がろう！』の時間です。」

「まずは、クイズ大会から。ミミ、スタンバイ大丈夫？」

　教室につなげられた画面の向こうにミミの笑顔がありました。

「大丈夫！」

「では１問目。田中先生のログセといえば『わかる？』ですが、先週の７月11日、田中先生は１日で何回『わかった？』と言ったでしょうか。

①30回　②100回　③300回

これ、ちゃんとぼくが数えたんですよ!!」

教室と病室が、回線を通して笑い声でつながりました。

「次は、指ダンスです！」

さすがミミです。肩でリズムを刻みながら、一緒に指ダンスをしてくれています。アンには、ミミの姿が少しにじんで見えました。

リクはこれまでに何度も、懸命に小さい声で「時間、時間！」と指示を出しています。しかし、カイはもちろん、盛り上がりすぎたクラスのみんなには届きません。

ようやくカイが最後のプログラムを大きな声で読み上げました。

「では、最後に田中先生から一言！」

そう言って、画面が先生のアップになった瞬間でした。

「あっ！　回線切れた！　時間切れだー !!」

「ミミ————！」

7 最後の "ミミ友" 会議

　企画の実現から１週間がたちました。感想を聞いたアンケートが集まったからと、先生が４人に手わたしてくれました。

　４人は、その感想アンケートを持って、児童館に集まりました。最後の "ミミ友" 会議です。

　クラスのみんなからは、こんな感想がきていました。

クラスのみんなから

・企画してくれてありがとう。
・本当に楽しかった。
・もうミミと会えないと思っていたので、うれしかった。
・ずっとあの時間が続けばよかったのに…。
・時間切れも演出かと思うくらい、面白かった。

「みんな喜んでくれたね。」

第３章　"やりたい！" を社会につなげよう

107

「あ、これはミミからだ！」

ミミから

本当に企画してくれてありがとう。会えないままさよならしたくなかったので、すごくうれしかったよ。もっと何回もできたらよかったけど。一緒に入院している友達がうらやましそうにしていたよ。みんなの思い描いているように、ほかの学校にも広まるといいね。本当にありがとう。あの会のこと、そしてみんなのこと、絶対に忘れない！

感想アンケートを見て、みんなはこれまでのがんばりが報われたような気がしました。

「あ、いろいろなところからもきている。」

病院から

・とてもよい取り組みだと思いました。急だったこともあり、時間の融通がきかず、申し訳ありませんでした。また機会がありましたら、お声がけください。

校長先生から

・とてもよい企画でした。盛り上がりましたね。みんなの力におどろきました。時間が守れたらもっとよかったですね。

保護者から

・後になって、子どもから聞きました。とても素敵な企画！　オンラインで、みんなのがんばりを見たかったです。

「なるほど、という意見もあるね。」

「まあ…ね。時間切れアウトは本当にごめん。」

　カイが照れくさそうにすると、リクが

「あれは、ぼくの責任で。」と割って入ります。

「いや、だれのせいとかじゃないんじゃよ。ふり返りは、次に活かすためのものじゃ。ほめられたら感謝を、課題は次の原動力に…じゃよ。」

やりたい！　の活かし方⑦
ふり返り、次に活かそう

第3章

”やりたい！”を社会につなげよう

「それより、今回は、みんな自分の"賜物"を活かして、自分から動けたのではないかな。だいぶ『夢』も見えてきたじゃろう。」

「うん。なんとなく…自信もついた。」

　ユウがそう言うと、みんなもうなずきました。

「そうさ、ユウは金持ちの飼いネコじゃない！」

　カイの言葉に笑いながら、4人それぞれが、それぞれの成長を感じていました。

今ここ

夢

やりたい！

9合目

我活かし　社会のために　動くとき
他人（ひと）また動く　道険しくとも

110

第4章

『夢』への登山

夢向町の地図

その後…

　夏休み目前のある日の帰り道。児童館の前を通ると、カイが少し得意気に話し出しました。

「そういえば、みんな宿題どうした？　あの『将来の夢』の作文！」

「書いたよ。明日出す！」

　リクがそう言うと、アンもユウもにっこりうなずいています。

「えっ、書いたのぼくだけだと思っていたのに。」

「おやおや。ちょっと読ませてくれんかのう。」

「トモじい！　またいつの間に！」

「まあ、トモじいには、いろいろお世話になったから…な。」

　4人はそう言いながら、カバンから作文を取り出しました。

リクの作文

　将来の夢を聞かれると、ぼくはいつも会社員と答えてきました。すると決まって、「ふつうだな」とか「安全志向だね」という反応が返ってきます。そう言われると、自分は冒険心のない小心者なのかと、落ちこむこともありました。

　そこで、ぼくは会社員のどこにひかれているのか考えてみました。ぼくが理想とする会社員は父です。父は、会社でプロジェクトマネージャーをしています。いろいろな立場の仲間と協力し、困難なことがあってもプロジェクトを進行し、成功させる。そんな父の姿にあこがれていたのです。

　ぼくは6年生になり、いろいろなプロジェクトに参加しました。運動会では誘導係になりました。予行練習ではうまく大会を進めることができず、準備がいかに大切かを学びました。

113

ミミのプロジェクトでは中継が途中で切れてしまい、準備をきちんとしていたつもりでも予定通りにいかない現実があることも知りました。失敗はありましたが、それでもプロジェクトを仲間と考え、実現できたことは、ぼくにとって何にも代えがたい楽しい体験になりました。

　また、ミミのプロジェクトでは、アンケートを通して、長期間入院している子どもたちの思いを知ることができました。そこで気づいたのは、世の中にはあまり知られていない、小さな声がたくさんあるということです。

　こうした経験から、自分の夢が見えてきました。ぼくの夢は、社会の弱い立場にある人の声を聞き、役立つことを考え、企画にして、仲間を集めてプロジェクトとして実現していくことです。会社員という立場にとらわれず、いつかどこかで、いろいろな形で実現したいと思っています。

「プロジェクトマネージャーってなに？」

　アンが興味しんしんで聞いてきます。

「プロジェクトに関わる人とやりとりをしたり、品質やお金の管理をしたり…。そういういろいろなことに気を配って、プロジェクト全体がきちんと進むようにする役割の人だよ。」

「リクにぴったり！」

「"賜物" 診断テストで『習慣タイプ』という結果が出て、まじめ過ぎるかなと思ったのだけど。いろいろやってみて、企画を実現するには、ぼくのような人間が必要だと思うようになったんだ。」

アンの作文

　私は、ずっとダンサーになるのが夢でした。

でもいつも一緒に踊っていたミミがいなくなっ

た時、私は一人で踊ってもあまり楽しくないと感

じました。私は、だれかと踊り、一体感を味わう

ことが好きだったのです。運動会でも、１年生

サポート係として１年生と一緒に席で応援し、

一体感を味わえたことが、とても楽しかったです。

それに、この運動会では小さい子どもが好きだと

いう自分の新たな一面も知ることができました。

　今の夢は、ミミとつないだ中継のために考えた

指ダンスを、入院している小さな子どもたちに広

めることです。すでに病院につとめているいとこ

に相談して進めています。そして将来は、小さい

子どもたちと一体感を味わえることを、いろいろ

と考え、仕事にしていけたらと思っています。

「え？　もうすでに、夢を実現するために、いと
こに相談しているの？」

　ユウがおどろいて聞きました。

「うん！　善は急げって先生が言っていたし。」

「アンは、『芸術タイプ』だったからダンサーが
ぴったりだと思っていたけれど、『支援タイプ』も
当てはまっていたから、教えるのも向いてそう。」

「ありがとう。ユウにそう言ってもらえると…。
小さい子どもたちとはダンスのクラスも違うし、
接点がなかったけれど、運動会で目覚めたかも！」

第4章

『夢』への登山

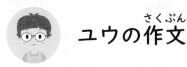

ユウの作文

　私は将来の夢がなく、この作文を書くのがいやでした。私には好きなことも、自慢できることもないと思っていたからです。

　そんな私に、アンたちが声をかけてくれ、ミミの企画を一緒に考えることになりました。私は何も手伝うことはないだろうと思っていましたが、ある日、私が気になってインターネットで調べたデータを見せると、みんながとても喜んでくれて、企画書に盛りこんでくれました。自分にもできることがあるのだと、うれしくなりました。

　もっとよいデータはないかと調べていくうちに、みんなが検索しやすく、データを活用しやすくするプラットフォーム作りに興味がわいてきました。将来は、そういう仕事について、世界中の人のデータ活用の役に立ちたいと思っています。

「ユウがデータを出した時は、おどろいたな！」

カイがなつかしむように言いました。

「私のこと、ただぼーっとしている人だと思っていたんでしょう。データを、インターネットでいろいろ検索した時に出てきたのだけど、PDFファイルが多くて…。」

「え？　何、それ？」

「ちょっとグラフとかに加工しにくいの。だからデータをリクにわたす時、加工しやすい表計算ソフトに入力して…。それが夢の始まりだったんだ。」

カイの作文

　ぼくの夢は変わらず、動画配信者になることです。でも６年生になり、気づいたことがあります。

　１つ目は自分が目立つより、みんなが楽しい方が自分にとって重要だということです。運動会では自分が話すよりミミの声が流れる方が、みんながより楽しめるなら、その方がよいと思えたのです。

　２つ目は、相手の求めていることを、これまではあまり深く考えていなかったということです。ミミの企画を考える中で、アンケートをもとに相手の気持ちによりそい、「本当の願い」に気づき、応えることが大切だとわかりました。

　ぼくの夢は、地球上のだれ一人残さず、いやなことを忘れて笑える時間がもてる世界にすることです。そのために「みんなが楽しい」と思えることを考え、発信できる人になりたいと思います。

「運動会でミミの声がした時にはびっくりしたよ。カイ、応援合戦の紹介アナウンスに、すごく気合入れていたのに…。」

　リクがそう言うと、カイは照れくさそうです。

「実は、自分でもおどろいたよ！　ミミも、何度も『本当にいいの？』って聞いていた。」

「みんながより楽しめる方を選ぶとはね…。さすがカイ。」

「時代が変わろうと、ぼくの人を楽しませたいっていう熱い思いは変わらないぜっ!!」

「バフッ、バフッ、うっ、ううっ…。」

「ん？　どうしたんじゃ、バク。泣いとるのか。」

「バフッバフッ…。いろいろ意地悪なこと言って
きたけれど。みんな成長したなと思って。感動し
ちゃって…。その作文、『夢』への登山を始めた
記念にうめておこうよ。」

　そう言うと、バクはみんなにタイムカプセルを
そっと差し出しました。

「この作文、タイムカプセルに入れちゃうと、ぼ
くたち、宿題出せなくなっちゃうんだけど…。」

　カイが笑いながら言いました。

　すると、トモじいが、なにやらタブレットを操
作して、作文の写真をとり始めました。

「これでよし！　今のみんなの『夢』を残してお
ける。わしも、何か一緒に思い出の映像データを
入れたいのう。そうじゃ、みんなの一番印象に
残ったところはどこか教えてくれるかな。」

「私は、ミミと指ダンスしたところ！」

「私は、"ミミ友" 会議かも…。」

「ぼくは、ドキドキの職員室でのプレゼンだな。」

「ぼくは、時間切れアウトの、あの世紀の瞬間！」

「では、その思い出を巻物型タブレットに自動入力じゃ！」

「え！　どういうこと？　トモじい!!」

巻物型タブレットがしばらくうなると、大きな

立体フォトモザイクが空に映し出されました。

「さあ、これがみんなの成長とミライじゃよ…。」

「わーっ！」

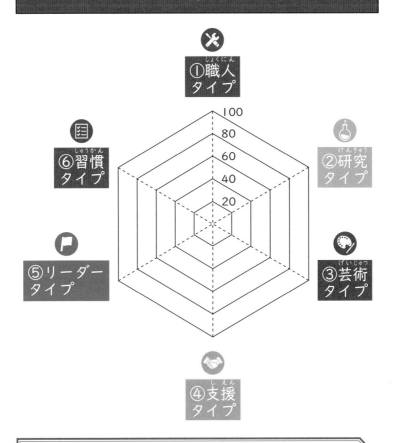

【付録】"賜物"診断テスト　記入表
※コピーして使ってもいいよ。

①職人
タイプ

⑥習慣
タイプ

②研究
タイプ

⑤リーダー
タイプ

③芸術
タイプ

④支援
タイプ

100
80
60
40
20

【参考資料】
●『ホランドの職業選択理論―パーソナリティと働く環境』
（雇用問題研究会）
John L. Holland(著)、渡辺三枝子・松本純平・道谷里英(翻訳)
●『クランボルツに学ぶ夢のあきらめ方』　（星海社新書）
海老原 嗣生(著)

【付録】やりたい！ の見つけ方

①自分は何が得意か考えよう　　　　　　　⦿P.37

②自分は何にひかれるのか考えよう　⦿P.47

③困った時は自分に何ができるかを考えよう

　　　　　　　　　　　　　　　　　　⦿P.55

④だれかのためや社会のために自分ができる

　こと、したいことを考えよう　　⦿P.63

"偶然をチャンスにする" ５つの心

　　　　　　　　　　　　　　⦿P.66

　　❤面白い！ と思う心

　　❤やってみよう！ と思う心

　　❤大丈夫！ と思う心

　　❤あきらめない！ 心

　　❤こだわらない！ 心

【付録】やりたい！ の活かし方

【監修】
奥村 裕一（おくむら　ひろかず）
通商産業省（現・経済産業省）に入省し、APEC創設や電力ガスの自由化を
推進。退職後、東京大学大学院法学政治学研究科COEPS特任教授などをへて、
現在は市民・学生と自治体の21世紀の連携を模索する東京大学公共政策大学
院共催のチャレンジ！　オープンガバナンスの推進に従事。

【著者】
あんびる えつこ
生活経済ジャーナリスト、文部科学省 消費者教育アドバイザー

■編集協力／キャリアコンサルタント　星野智佳子
■取材協力／平田祐子
■イラスト／稲葉貴洋
■校正／ K-clip（熊谷真弓・花井佳用子）

■装丁デザイン／ tobufune
■装丁イラスト／コマツシンヤ

書籍のアンケートにご協力ください
ご回答いただいた方から
抽選で**プレゼント**をお
送りします！
Z会の「個人情報の取り扱いについて」はZ会 Webサイト
(https://www.zkai.co.jp/policy/)に掲載しております
のでご覧ください。

99%の小学生は気づいていない!?
やりたい！　の見つけ方

初版第1刷発行・・・2023年3月10日

監修者・・・奥村裕一
著　者・・・あんびるえつこ
発行人・・・藤井孝昭
発　行・・・Z会　　　　〒411－0033　静岡県三島市文教町1－9－11
　　　　【販売部門：書籍の乱丁・落丁・返品・交換・注文】TEL 055-976-9095
　　　　【書籍の内容に関するお問い合わせ】https://www.zkai.co.jp/books/contact/
　　　　【ホームページ】https://www.zkai.co.jp/books/
印刷・製本・・・日経印刷株式会社
DTP組版・・・株式会社 ムレコミュニケーションズ